EXTRAVÍOS

EXTRAVÍOS

Daniel Casado

© Daniel Casado Porras

© Fotografías de cubierta: Daniel Casado
© Fotografía de solapa: Jesús Gutiérrez

© Añil desarrollo gráfico, S. L.
Mahalta ediciones es un sello editorial de Añil desarrollo gráfico, S. L.
www.anil.es
www.mahalta.es

Colección Adivinos n.º 22
Primera edición: marzo 2025

ISBN: 978-84-129419-6-8
Depósito Legal: CR 77-2025

Impreso en España
Diseño y maquetación: Añil desarrollo gráfico, S. L.
Impresión: Safekat, S. L.

Para Alejandra

Puesto que la vida es un extravío, se diría que el más sensato de los desengaños consiste en elaborar un extravío artificial, ordenado y lógico, en el mismo interior de ese extravío enmarañado e incontrolable.

YUKIO MISHIMA

Todos debemos rehuir la tentación de hacer del mundo nuestro nido, de la dulce sensación de sentirnos en casa envueltos en la soflama de un interior. Las alas del espíritu no crecen sino en la repulsa del hogar, del cobijo, del calor. ¿Hay algo más noble que las delicias del extravío?

EMIL CIORAN

I
Grandes y pequeños extravíos

VESTIGIO

A Charles Simic

Ignoramos la fecha
y el origen no es claro.

No obstante, su autoría
se atribuye a un poeta
de mediados del XX
o albores del XXI.

Escribía en inglés,
hoy lengua muerta.
Desconocemos del autor
su nombre, únicamente
el apellido —Simic— ha resistido.
(Ni siquiera podemos confirmar
un posible origen serbio).

El resto del texto pereció
tras la debacle de aquella
civilización bárbara.

Todo lo que nos queda
es este verso esquivo
y enigmático.

Siete sílabas mágicas:
«Una piedra que flota».

La punta del iceberg

La isla de plásticos
que flota en el Pacífico
no es asunto mío.

Los campos de escombros
radiactivos de Ghana
no son asunto mío.

Los caídos contra el muro
en México, Melilla o Cisjordania
no son asunto mío.

Los inmigrantes ahogados
en Tarifa, Lesbos, Lampedusa...
no son asunto mío.

Los campamentos de refugiados
en el Sahara, Uganda o Bangladesh
no son asunto mío.

Pero alguien en Wuham
—que no era asunto mío—
ha comido un murciélago.

ARCANO MUNDO

Ha enfermado este mundo, que ayer mismo
era el mejor de los mundos posibles.
Se ha derretido el tiempo cual temibles
relojes de Dalí: puro espejismo.

Amarga incertidumbre, desespero.
De un día para otro caen furtivas
esperanzas, se agotan perspectivas
y todo es horizonte burdo y fiero.

Creíamos tenerte bien domado,
crecimos entre lujos y bohemia
vendiendo a plazo fijo lo soñado.

Pero ha cambiado el lienzo y es notable
que no es postal de lujo esta pandemia,
oh, fiel arcano mundo inexpugnable.

Tampoco allí

No, no era la catedral de Chartres,
ni la basílica de San Pedro,
no era San Juan el Divino, ni Fátima
ni Lourdes, no: era una ermita

una sencilla ermita de adobe y paja
en medio de ninguna parte.

Mujeres y niños
descalzos, arrodillados
ante un pequeño altar
compartían su fe.

Tampoco allí,
sin embargo,
habitaba el dios.

DON DEL IGNORANTE

Yo, que tantos hombres he sido...

JORGE LUIS BORGES

Yo, que tantos lectores he sido, aún no he sido aquel
que se demora en una página de Milton, de Heimito
von Dorerer, de Concepción Arenal, de Nina Berbereva.

Mis ojos, ávidos de nuevos goces, jamás se han detenido
curiosos sobre una línea de Toni Morrison, de Roberto Artl,
de Gaston Leroux, de Jacinto Benavente.

Ni siquiera he leído como se merecen a Bruno Schulz,
Emile Zola, George Sand, Elena Poniatowska...
entre otros muchos descuidos ejemplares.

Apenas conozco las obras de Villon, Llul, Camõens, Celine,
Owen (Gilberto), Swift, Drummomd de Andrade
(sé que es imperdonable), Hilst, Müller o Bocángel.

Mi vergüenza es mayor que yo mismo.
A medida que envejezco crece, interminable,
la lista de obras que aún no he podido leer.

Ellas son, sin embargo, mi mayor tesoro.

Jamás bajo la guardia ni las pierdo la pista.
Distante, las observo de reojo y sigo con mi vida,
feliz de saber que, en algún lugar, llegado el momento,
esas obras seguirán ahí, al alcance de la mano, esperándome.

Mercadillo de libros al peso

I

No hay mayor cura de humildad
ni más justo asilo a tanto orgullo
que es ahora polvo y festín de ácaros,
amarillento olvido a precio de saldo.
Apilados, esparcidos, confinados
sobre viejas alfombras o tirados por el suelo,
los libros suplican el compasivo rescate
que insufle de nuevo vida a sus letras.
El Tiempo, crítico inapelable, ha ido
saldando deudas con la Posteridad,
a precio de ganga nos ofrece, ebrio,
estos andrajos donde aún puede leerse
la altiva etiqueta polvorienta: NOVEDAD.

II

Nota a pie de página:
Entre esos libros se hallará
mañana
este poema.

PLANTA DE INTERIOR

Lleva conmigo
desde que apenas era un tallo
de esperanza.

Como yo, ha dudado;
como ella, he creído.

Fue el primer rastro de vida
que puse en mi vida nueva.

Quise una planta
verde, dura, humilde,
y la obligación de cuidarla.

Desde entonces
comparte mis horas,
escucha mis silencios
y dice, a su manera,
también ella, su canción.

La canción
de lo que emerge y declina,

la extraña, hermosísima
canción de lo que cambia
y permanece.

ORTIGA

La flor malsana —que diría Baudelaire—,
la iracunda ortiga que crece contra todo,
contra sí misma, devorada por la luz.

Si nuestra mirada se detiene en contemplar a fondo
su presencia, no podrá negar la belleza de sus formas.

Es de justicia demorarse en la viveza
de esos verdes pétalos, la crispada
disposición del vello urticante,
el resplandor de los estambres (¿o son élitros?),
la carnosa sensualidad de los retoños...

¿Debería arrancarla, siguiendo el sentido común?
¿Debo desbrozar su amenazante belleza?
¿Qué hacer, pues, con esta flor del mal?

Y, sin embargo, ella es por sí misma.
En sí misma.

Le basta con ser,
y a mí no me disminuye su existencia.

Al contrario: ahora también ella me acompaña.
Embellece mi mirada y apacigua mi espíritu.

Me enseña, obstinada y silenciosa,
que el cambio está en uno,
y que en todo mal reside, también,
la oportunidad del bien.

FLOR DISECADA

La flor seca y prensada
resbala por el libro apenas entreabierto
y cae, siniestra, en mi regazo.

Su belleza estéril es recuerdo
de unas manos, también muertas.

Mi voz ya no se oye ni distingo
las palabras con que fue depositada.

Su súbita presencia me espanta:
confirma nuestra mutua inexistencia.

De quienes un día fueron promesa
y aliento, ella es el único vestigio cierto.

Nosotros, sus fantasmas.

AVANCE, RETROCESO, AVANCE

Toda la tarde escribiendo,
incendiado de voces, de ritmos,
de vocablos que resultan ajenos
incluso para mí.

Son vestigios olvidados, malolientes,
vapor de olifantes lejanos que dejan
en mi oído estrofas y párrafos de algún otro
que era yo y al que jamás llegué a conocer.

Escribo, tacho, reescribo...
y las palabras siguen siendo suyas.

Sopeso, callo, respiro
y soy deudor de tanta imagen perfecta.

Destruyo el poema (perfecto, sí)
y emprendo, humillado, el camino
de regreso a mí.

Caigo al lecho impenitente,
al lecho que es fuente de vida, altar
de deseos, retablo de sueños
y a la vez sarcófago de otras vidas.

Cierro los ojos.
Contemplo mi noche boreal.

Al fin se hace el silencio.
Ya estoy más cerca.

Orbe

Decís que algo ha cambiado.

Que en vuestras diminutas existencias
nada es ya como era antes.

Ingenuos. Así ocurrió siempre.
De mal en peor llegasteis a este mundo.

Todo fue según lo previsto.

Y así, con absoluta normalidad,
seguirá siendo.

Guerras

Más viejas que nosotros, los humanos,
las guerras son herencia de los dioses.

Así idearon este mundo de adioses
con el barro pestilente de sus manos.

A semejanza de sus dioses, el Hombre
se afana en perpetuar lo destructivo.

Qué aciago don, qué gen primitivo
impregna de crueldad su mismo nombre.

Si los dioses inventaron la guerra,
nosotros, a ellos fieles,
bañamos en sangre la dura Tierra.

¿Hay maldad que supere estos niveles?
Respóndenos, Ares, Señor de la Guerra:
¿Somos los humanos más crueles?

Ultimátum

Primero han hablado las ciudadanías
democráticas: negociaciones, acuerdos, pactos
y aumento del consumo.

Ahora responde la Tierra, gobernadora
intransigente: desertización, deshielo, mareas
y subida de las temperaturas.

Lo siento de verdad —sentencia—
por vuestras pírricas victorias momentáneas.

Para mí no hay margen de negociación
ni prórroga que valga.

Mi ultimátum es inapelable.

MILAGROS DE UN ARTISTA CONFINADO

Replegarse, esconderse, andar en vilo,
expectante, contenido, resiliente,
sereno, positivo, convincente
y cabal, pese a vivir en el filo.

Llorar, reír, soñar acaso, aplaudir,
caer una y mil veces, levantarse,
pagar el alta, maldecir, atragantarse.
convencerse, replicarse, sonreír.

Esperar sin saber cómo ni cuándo.
ni cuánto ni dónde, ni a santo de qué.
¡Y venga un nuevo curso *online*! (pagando).

Y leer, leer y no saciar el hambre
de saber ni cuestionarse el por qué
soy un perfecto artista del alambre.

TRANSMUTACIONES

Esta serena alegría,
esta dicha callada,
¿de qué dolor procede?

Esta radiante visión,
esta esperanza viva,
¿de qué tiniebla emerge?

Este momento amable,
este colmado segundo,
¿de qué larga espera al fin?

Esta ternura acechante,
esta caricia perfecta,
¿en qué mano?, ¿de quién?

Este miedo presente,
este espanto inviolable,
¿de qué perdida fe?

Este agudo zarpazo,
esta llaga profunda,
¿de qué radiante juventud?

Este veneno enfermizo,
este rencor humillante,
¿de qué desmesurado amor?

Diecisiete sílabas

Como la lluvia
de Borges, estas ranas
croan en pasado.

*

Viento en la piedra.
Así serás disuelto
y repartido.

*

Jaula del Tiempo.
Todo pájaro canta
por última vez.

*

Mundo y espejo.
Más allá de tu Ser,
cuanto imagines.

*

La piedra oculta
al escorpión sagrado
que ha de salvarte.

La luna lame
tu herida más fecunda.
Surge el poema.

*

Este columpio
solo lo mece el viento.
Un niño llora.

*

Lluvia en el rostro,
dime, qué es lo que pides,
¿morir?, ¿pasar?

*

Fruta del tiempo.
Devorando tus labios
pasa el otoño.

*

Cumbre de la ONU.
Vuela desorientada
una paloma.

*

Cantando estuvo
toda la madrugaba
la madreselva.

Monstruo abisal,
la medusa temible
duerme en la arena.

*

Cantad sirenas.
No me harán navegante
solo las olas.

Grandes y pequeños extravíos

Cabellos, ciertos dientes, la paciencia
El miedo, la osadía, los complejos
La tosca irrealidad de los espejos
La honestidad brutal de la inocencia

Un jardín —¿o era un río?—, atardeceres
Las cartas que llegaron con retraso
El amigo que bebe de mi vaso
Las prisas, las anginas, los deberes

La noche fértil que duró una vida
La estéril vida que arruinó mil noches
Cierta ciudad que amé, desconocida

Lo amargo, lo dañino, lo soñado
La hora que nos lleva sin reproches
El vértigo salvaje de lo amado

II
Once palimpsestos

EL ÁNGELUS
JEAN-FRANÇOIS MILLET

Sobre la tierra estéril dos figuras
rezan contra el crepúsculo, ya eterno.
Conmueve más que el bello gesto tierno
la estoica rigidez de ambas posturas.

La recogida atmósfera no miente:
es silencio y quietud, según costumbre.
¿Por qué hay entonces tanta pesadumbre
y en sus rostros dolor, tanto y latente?

¿Oís ahora tañer una campana?
Araña el cielo el eco de algún ave.
¿Qué nos oculta escena tan mundana?

La tela encierra un turbio palimpsesto.
Mira Dalí obsesivo —no lo sabe—
el misterioso, emborronado cesto.

PERRO SEMIHUNDIDO
FRANCISCO DE GOYA

¿Qué hace ahí este perro semihundido?
¿Qué está mirando con delirio mudo?
¿Qué anega en sombras su silencio crudo?
¿Qué calla, sepultado y malherido?

¿Ha estado siempre ahí este inocente
testigo de la condición humana?
No lo sabremos hoy ni aún mañana.
Es su misterio antiguo, y es presente.

Mira al mirar, y seguirá mirando
asustado la escena sin marcharse,
fiel al drama que no puede mostrarse.

La incógnita sutil nos sigue hablando.
Lo sabe el maestro huraño, viejo y gordo.
Baña un sol ocre la Quinta del Sordo.

FINIS GLORIAE MUNDI
JUAN DE VALDÉS LEAL

Detalló con notable regocijo
la cruel putrefacción del calatravo,
del obispo que exhibe llaga y clavo
bajo la estela gris del crucifijo.

Pintó la vil carroña y al gusano,
las heridas cabezas, ya sajadas,
de mártires, plebeyos y criadas.
También al fraile adusto y cartesiano.

Edificante hasta la repugnancia,
nos legó la visión de lo que dura,
un parpadeo, la fugaz sustancia

de las glorias mundanas, los venenos
del alma desatenta y la tortura
del instante final. Ni más ni menos.

MAGDALENA PENITENTE
GEORGES DE LA TOUR

Decid quién sois, mostraos, criatura
que en vano me tentáis desde el silencio.
Os oigo respirar mientras presencio
arder mi hora, tenderse la negrura.

Como la llama ardéis, doble y la misma,
si una eres tú y otra el espejo muestra
cuál de las dos es la única respuesta
a mi dudar, la paz en este cisma.

Hablad, cruel inquietud, qué pretendéis.
¿Turbarme por mis días de ramera?
¿Tentarme con el fuego del pasado?

Porque ni virgen soy ni madre, veis
que acuno en mi matriz la calavera.
Ya solo soy la sombra de mi Amado.

El triunfo de Baco
Diego de Velázquez

Derramo mis encantos y... ¡oh, prodigio,
me entregan dócilmente sus sentidos!
Sus ojos ya no miran, van perdidos
acaso a concederme más prestigio.

Me insisten: Dulce Baco, danos vino
y nubla nuestras frágiles molleras,
por ti seremos todo lo que quieras.
Alzamos nuestro himno clandestino.

Y cada cual, resuelta así su herida,
glosando va mis cantos de taberna
ajeno al frío viento de la vida.

Oh dulce lumbre de ebriedad y fiesta.
Oh noble arte que todo lo gobierna.
Oh turbio vino: es la Verdad dispuesta.

El anciano de los días
William Blake

La eternidad está enamorada
de los frutos del tiempo.

William Blake

Viejo y loco Urizen, sigue midiendo
el mundo con compases de madera,
en la Unidad Perfecta reverbera
tu Palabra que, eterna, va muriendo.

Ahórranos tu cruel sabiduría,
espíritu de Luz, oh tú, que truenas
en el alma del Hombre y encadenas
su destino a una triste alegoría.

¡Qué tenebrosa soledad la tuya!
¡Qué sinrazón amarga ser eterno!
Escucha, Urizen, nuestro clamor aúlla.

Recóndito en tu lúgubre morada,
corrige tus Proverbios del Infierno:
somos fruta del humo: Tiempo, Nada.

LA PARÁBOLA DE LOS CIEGOS
PIETER BRUEGHEL «EL VIEJO»

> Dejadlos; son ciegos guías
> de ciegos; y si el ciego guiare
> al ciego, ambos caerán en el
> hoyo.
>
> MATEO 15:14

Da el primero de espaldas en el suelo,
necio que en necedad vuela y se hunde.
Trastabilla el segundo, que confunde
en ciego error la ciénaga y cielo.

Tras él caerá el tercero, sin pretexto,
pues siente que algo pasa y se retrae,
lleva consigo al cuarto, ese que trae
a tal destino al quinto y este al sexto.

En catastrófica hermandad pululan
quienes van por ahí dando lecciones
como estos ciegos, bobos o cretinos.

Lo necio, lo inquietante es que simulan
saber nada sabiendo y sus acciones
dan gusto al populacho, ¡cruel destino!

EL JARDÍN DE LAS DELICIAS
HIERONYMUS BOSCH

Él nos dijo: «Creced, multiplicaos»,
y se pobló de criaturas la Tierra.
La manifestación letal que encierra
el orden milimétrico del caos.

Grifos, unicornios, machos cabríos,
harpas, madroños, bestias y cerezas...,
infernal ambrosía de proezas
y condenas, lamentos y extravíos.

Come un pájaro azul, después defeca
avaros, perezosos y glotones
en el fornicio propio del infierno.

Jardín en miniatura donde trueca
el mundo sus tragedias y sus dones,
lo bello en cruel, lo fugaz en eterno.

MUJER CON GUITARRA
MARÍA BLANCHARD

Vemos dos cuerdas, tres dedos, un ojo.
Trazos de una figura escurridiza,
que en síntesis extrema paraliza
a quien lo mira y solo ve despojo.

Una futura forma de realismo.
En ella está la música enhebrada
debajo de las formas, en la nada
que llaman unos fraude, otros cubismo.

Sin volumen ni perspectiva giran
acordes en el lienzo, lábil mancha
bajo un compás de angustia y espesura.

Los dedos de una mano se retiran
dejando en un silencio que se ensancha
el rastro de una pena aún más oscura.

LOS AMANTES
RENÉ MAGRITTE

> Lo que cuenta simplemente es
> ese momento de pánico y no su
> explicación.
>
> RENÉ MAGRITTE

Les hablaré de un beso, ya que insisten,
un beso húmedo, oscuro, lacio,
un beso prolongado en el espacio
por dos amantes ciegos que no existen.

Y porque apenas sé de amar que un beso
es el vacío: dos que se disuelven,
el colosal abismo en que resuelven
su mutua inexistencia, les confieso

lo que un beso revela, y que es cierto:
es el divino y cruel canibalismo
con que el amor devora a los amantes.

Un velo los envuelve, agonizantes,
ahogados en su furia, con el mismo
afán con que se besaría a un muerto.

HABITACIÓN EN NUEVA YORK
EDWARD HOPPER

(—Es un infierno este silencio suyo.
Taladra mi paciencia la impostura
con que se entrega cruel a la lectura,
distante y solo, mientras me diluyo.

Desapareceré, lo sé, habrá un mal día,
y ausente, al fin, seré la insoslayable,
la callada mujer, la que implacable
le haga arder con mi melancolía.)

(—El idiota de Hoover ya es pasado
y Roosevelt, ese viejo zorro ateo,
quiere sanear la banca y el mercado.

Veremos en qué acaba ese canalla...
Tomaría otro bourbon, pero creo
que algo trama ésta, pues piensa y calla).

III
Diez décimas debidas

Solicitud enviada

Este reino en que te busco
hace siglos que no existe.
Nada queda de quien fuiste
tras el fuego en que rebusco
tu recuerdo, y lo chamusco.
Un perfil alternativo,
nueva cuenta en otras redes.
Líbrate de ti, si puedes
reinventarte y seguir vivo
cual escombro radiactivo.

LA VIEJA GUARDIA

Esos secuaces que flotan
como pulpos en su tinta
fueron un día mi quinta:
jóvenes que se alborotan
y protestan contra la OTAN.

Miradlos: diseminados
en sus consejos de empresa,
son la España que progresa
dejándonos arruinados
y a merced de los mercados.

Poeta vs. Creativo

Publicista, ahora «creativo»:
de tu destreza en la rima,
tus eslóganes, tu mina
de vil diamante cautivo
de tu don, en fin, lascivo,
solo dos cosas me joden:
que trabajes para el diablo,
dueño vil de tu vocablo,
y tragarme por cojones
este plato que me pones.

Un *youtuber* desalmado

Un *youtuber* desalmado,
de esos que siguen los necios,
entre insultos y desprecios
ha vejado y humillado
a un mendigo arrinconado.
Esta inmundicia viviente
ni siquiera se arrepiente.
Narra su «hazaña» y se jacta
de su moral putrefacta
y de su cuenta corriente.

La serpiente

En la arena literaria
la amistad es infrecuente,
sin embargo, la serpiente
del halago es legendaria,
lúbrica lengua sicaria.
Hay quien vende su opinión
y aún quien paga su pensión
arrojando —y les fastidia—
esa forma de la envidia
que se llama adulación.

Los gabriélicos

Bajo un cielo gris plomizo
van los santos del castúo
procesionados a dúo:
Josemari, escurridizo,
más arriba, Luis Chamizo.
Sus devotos costaleros
nos proclaman, pluma en ristre,
que no hay dios que suministre
dos talentos más sinceros
ni versos tan duraderos.

Po zí

Un persistente poetastro
con vocación de pillastre,
va provocando el desastre
allá adónde va. Su rastro
puede verse en el catastro.

Y no es su talento chico,
que en sabiéndose zoquete
te lía y te compromete
con solo arrimar su hocico.
¿Quién es? *No sé si me explico...*

Pájaro del alma

No te distingo, mas sé
que en mí estás como canción,
tú que elevas mi oración
hasta donde no se ve,
y vuelas como un halcón.
Hoy tu canto me desvela
y es mi fuerza tu alegría,
tu luz mi consuelo y guía.
A donde la vida duela,
pájaro del alma, vuela.

La pendiente

Una tras otra soplaste
las velas de tu camino.
Fugitivo o peregrino,
cada paso fue tu lastre,
cada puerto tu destino.
Y aunque hubo rayos y truenos,
atracos, amores, guerra...
solo una cosa te aterra:
este ir de más a menos,
cuesta abajo, sí, y sin frenos.

DEBIDAMENTE

Este vicio compulsivo
que no da gato por liebre
sino décimas de fiebre
y un placer extraño y vivo,
es contagio positivo
y enseñanza que me guardo.
Aunque sé que no está en boga
consumirse en esta droga
sigo apurando mi fardo,
y brindo por Moga, Eduardo.

Sopla recio a mi espalda,
viento oscuro y tenaz del desarraigo.
José Hierro

IV
Desarraigos

CHUVA OBLIQUA

En el pequeño café portugués
que acoge a este español y lo refugia
de la lluvia para que pueda leer
al venezolano Rafael Cadenas,
lo atiende un chino.

(Oh, diosa Globalización).

Quizás sea coreano, quién sabe.

Tal vez me haya equivocado de ciudad
y esto no sea Elvas sino Macondo, Comala
o Leningrado, ciudades fantasmas,
en cualquier caso.

Pensándolo bien,
tampoco yo tengo muy claro
que sea español.

Ni siquiera recuerdo
haber pedido un café.

No obstante, el café está frío,
el mármol sucio y la tarde acontece
desde hace siglos en un poema de Borges
(argentino afincado en Suiza,
por más señas).

Todo es extraño, ciertamente.

De momento,
lo único portugués aquí
sigue siendo la lluvia,
que sucede en el pasado.

El forastero

Desde muy niño
me hablaron del forastero.

Deambulaba envuelto —contaban—
en una tristeza incurable, lenitiva
y exótica, lunar, trashumante.

Por guarecerse del frío
dormitaba al raso, libre y salvaje.

Por rehuir las viperinas lenguas
evitaba las horas altas del día.

Todos lo miraban cruzar,
silencioso como un rezo,
escurridizo, casi incierto.

Algunos niños le tiraban piedras
aunque él jamás hiciera nada.

Luego, sin más, desaparecía.

Me propuse encontrarlo.

Anduve largos años,
hasta que un buen día, abatido,
decidí regresar al pueblo.

Ya en el camino, los niños
salieron a mi encuentro
con piedras en la mano.

Razón del exiliado

Porque es nuestro el exilio. No el reino.

José Ángel Valente

Regresar a Valente
como quien vuelve a la casa del padre
de la que un día huyó, desairado.

Retomar la huidiza pisada, cruzar
el dintel nebuloso de lo que otrora
fue un reino pródigo en maravillas,
de generosos afluentes y sólidos conjuros
contra la vil molicie del mundo.

Hallar ajados, roídos acaso por la ambición
de los acólitos, los velos del templo.

Recuperar el cáliz invertido
sobre la sola palabra del canto.

Bendecir el silencio,
único rastro del dios.

Regresar a los caminos, traspasar
las fronteras del reino, dormir al raso.

De nuevo en el exilio, abrazar
la soledad del pescador que, paciente,
recoge y lanza el hilo,
mas sin asomo de duda
ni flaqueza de ánimo.

No aceptar compañía.
No pagar tributo.

Ser leal tan solo a la poesía,
que sopla donde quiere,
enajenada y libre.

Responder solamente al dictado
del verso que sobre la página
se presenta, humilde, sagrado,
irreparable.

Escribir al fin sílaba sobre sílaba,
asegurándome —minuciosamente—
de haber desobedecido a todos
en todo.

Escarabajos

Pululan como escarabajos
en el lodo de la Historia.

Reparten consignas huecas
—patria, gloria, honor—
manchadas de sangre, sudor
y heces.

Enarbolan arcaicos símbolos
de un imperio ruin y ruinoso:
aguiluchos, cruces de Borgoña,
boinas carlistas, toros de Osborne.

Atentan contra nuestros derechos
fundamentales propalando su ruidosa
sinfonía castrense, su tradicionalismo
intemporal, su clasismo y su racismo.

Defienden «la virtud del egoísmo»
propugnada por Ayn Rand.

Comulgan dos veces por semana
y aún les queda odio en las tripas.
Envueltos en un rencor atávico,
en su absoluta falta de compasión
hacia los demás, encarnan hoy
—albores del siglo XXI—
el fascismo de nuevo cuño.

Vivir es ver volver,
apuntó, certero, Azorín.

Lo repitió Luis Rosales
con distinta perspectiva.

Esto que vuelve es el lodo.

Visibles, contundentes y cercanos
se muestran sin reparos
aquí mismo, frente a esta página.

Miran embobados este poema.

Y apuntan mi nombre.

ECUADOR

En el ecuador de tus días y tus noches,
el camino alumbra dos veredas:

seguir disputando la memoria de los vivos
o aceptar tu lugar en la muerte, con los muertos.

Saborear el vino dulce del Olvido.

Ambos destinos son legítimos,
es decir, igualmente absurdos,

pues lo único que querrías
es quedarte aquí, en esta tarde fresca
y húmeda con olor a café

mientras terca, bajo tus pies,
se mueve la Tierra.

Declarado en rebeldía

A quien te diga que el Honor
es la más alta divisa

la Gloria una bendita cruz
el Orgullo una condición de la sangre

y el Valor
el patrimonio de los intrépidos

recuérdale

que todas las patrias terminan
traicionando a sus héroes.

ÁRBOL TRANSGENERACIONAL

Para sanar de la insondable herida,
para poblar la ausencia que nos acompaña
o erradicar íntimas culpas ajenas,
navegamos cautelosos siglos abajo
por la savia del árbol genealógico.

Ciegos de cólera y dolor llegamos
al encuentro con el doble, el atávico
ancestro del cual lo heredamos casi
todo: vivencias y conflictos, creencias
y conductas. También enfermedades.

Para no repetirlo, buscamos reparar
en nosotros el mal ajeno; para romper
el yugo que nuestros actos perpetúan,
es preciso mirar a los ojos, hablarle
al antepasado que jamás conocimos.

Siempre en movimiento, el pasado
atroz nos observa con severa verdad.
Violación, escarnio, vergüenza, odio,
son historia común, el legado infame
que nuestra sangre, leal, reproduce.

Al fin nos hundimos, tenues embriones,
en las aguas lustrales del sueño
en que acontece nuevamente el desenlace.

Ya vemos cernirse, con la quijada
en la mano, la sombra de Caín.

PIEDAD

los camisones a rayas la flor del olvido
la mirada torva perdida extasiada el olor
la doctora los turnos sedantes y recetas
el párroco las horas la tele los concursos

las sillas de ruedas las muletas los vendajes
las caídas el gimnasio la nueva masajista
los baberos usados la sopa el crucigrama
la cajita de pastillas la sordera el temblor

los informes las cartas y facturas la pensión
los audífonos rotos la ropa marcada el aire
la mano enguantada el impúdico aseo el jabón

los familiares el llanto los graves silencios
la ventana el jardinero los magnolios el sol
la ambulancia la llamada la muerte nadie

TOMBEAU
(CEMENTERIO DE LA VERA CRUZ)

Pudiera ser este el verano, esta la paz
que adorabas porque nada se movía,
el murmullo de los muertos suscitando
igual que ahora un diálogo eterno.

A qué esperar, llegaste a preguntarte
alguna vez, cuando la tibia alegría
rebosaba en tus venas y el sueño
de la vida restañaba al fin cumplido.

Flores de plástico sobre lápidas rotas.
Siempre es así el ampuloso olvido,
risible como la muerte misma, inútil,
pero bello.

Hueles el musgo afeitado de la piedra.
El caracol dejó su baba renqueante
entre las alas del *tempus fugit*, para aviso
de caminantes como tú, sin hora ni guía.
¿Pudo ser este el verano? ¿Esta la paz?

Aunque así fuera no eres ya el mismo
ni puedes, adulto y trémulo, sentirte igual.
Ahora sabes que la muerte siempre espera
detrás de otras paredes, al otro lado del sueño.

No aquí, entre lápidas de granito y flores
de plástico, adosadas viviendas de olvido
y podredumbre, paz celeste que invita
al letargo y vuelve absurdo hasta el llanto.

Breve es tu descanso, apura ya tu sueño
y, de nuevo en pie, sal al camino: las azucenas
se cierran a tu paso, el aire apaga las velas,
aúlla el manso ciprés entre la ortiga salvaje.

ÍNTIMAS SOLEDADES

Mira lo que traigo: un poco de Brahms y Beethoven.
El Réquiem, la Cuarta y los Últimos Cuartetos
—¿sonará la Cavatina como entonces?—
aunque sé que juraste no volver a escuchar
tus viejos vinilos. Hace frío, demasiado frío
aquí dentro. Asómate, la nieve es otra. Otra
la infancia arruinada en todas partes. Viejas
películas de Kieslowski (Decálogo, la Trilogía)
y te gustaba —¿recuerdas?— especialmente Grenaway.
En cuanto a los libros, no es mucho
lo que he podido recuperar. Jamás leíste por entonces
a Proust, a Faulkner o a Cioran; te bebías cada tarde,
ante de regresar a casa y en sorbos muy pequeños,
al tristón de Aleixandre: no necesitabas más.
He encontrado también algunas cartas, postales
infectadas de adolescencia, desvaríos propios
de un joven sin futuro. Fue un milagro
que escaparas de ti mismo. Es todo
lo que he podido encontrar. Cierra la puerta.
Hace frío. Es una suerte que sigamos juntos.

El posavasos

Tendido sobre la alfombra, casi a oscuras,
ocultándome de la luna que nos prometimos
y de los torpes deseos que el azar
volvió inocentes y vanos, me dejo ser
en soledad y sin consuelo, feroz testigo
del amor que no supimos conservar.

Sí retuvimos, en cambio,
depositada en sus redes de arrastre
la dorada quincalla de los días, olvidándola
en rincones imprevistos, ajenos
por completo a su terrible permanencia.

Así resiste bajo mi copa este sencillo posavasos,
que una mañana tú robaste para mí.

Tuvo su gracia
aquel gesto tuyo de sibilina naturalidad.

Cómo te amé esa mañana, mucho antes
de que llegaran los besos y con ellos
el aroma de lo clandestino.

No sabíamos que en tu bolso se aplazaba
el dolor que es hoy presente,
esta punzada aguda y silenciosa
que a oscuras, en mitad de la noche,
ya solo sirve para posar un poco de licor
breve —como las noches a tu lado—
y urgente —como esta imagen de ti
que ahora conservo—
y evocar la huidiza sombra de un sueño.

Razbliuto

Razbliuto: (or. Ruso) estado en
que nos encontramos cuando
tropezamos con alguien a quien
amamos en otra época.

Al vernos,
ninguno de los dos
alcanzó a pronunciar
aquella extraña palabra.

Nos alejamos.

Nuestros pasos resonando
como disparos en la tundra.

Matrimonio fantasma

Recuerda, amor mío, que en este daguerrotipo,
cuando el fotógrafo revele las placas
uno de los dos no estará.

VENUS DE LA POESÍA

Me miró
me miró incandescente
—la pupila afilada y lúbrica,
flamante el iris, travieso
y volátil el ceño—,
desdiciéndose
a cada instante
y, sin embargo, insistiendo:

Deja ya el poema, ven
a mi lado.
No —respondí—,
antes debo acabar mi tarea.

Pierdes el tiempo, querido,
si no me tomas hoy
no volveré a visitarte.
Tengo a muchos,
¡y mejores que tú!

Ya viniste otras veces
pero ahora es distinto.
Déjame ser esta noche
tu Romero de Torres.

Mas, sin mediar
palabra, se dio la vuelta
y de un portazo
salió de mi vida
dejándome este poema.

CUERPO PRESENTE

Estás presente en mí
cada vez que vuelas
alejada de todo, cada vez
que tu cielo se desploma
en ciudades del mundo
a las que nunca volveré,
ni siquiera contigo.

Quiero decir que tu ausencia
es lo que abrazo cuando me amas,
es lo que amo al abrazarte
en los ratos perdidos
a la luz de tus ojos,
cuando la vida nos concede
—tregua amarga—
el amor y el consuelo de tenernos,
porque hasta el placer se ha vuelto
secundario y efímero.

Celebro entonces
tu cabello encendido
que brota entre mis dedos
hacia la luz inalcanzable
y borrosa del mañana.
Pues no sé más de ti
que ese instante de furia
y de cansancio, este amor
que perdura contra todo
pronóstico, contra mí,
contra ti, contra nosotros.

Trazado de la periferia

A través de la ventanilla
vemos desfilar semáforos, postes y antenas.

Más adelante solitarias marquesinas,
vías muertas, raíles abandonados
entre hierbajos y herrumbre.

El tren se afana en recorrer la distancia que separa
el presente continuo del futuro inminente.

Reposas tu cabeza sobre mi hombro,
y te adormece el vago traqueteo del vagón.

Más nos vale —quisiera decirte, pero callo—
aprender esta lección.

Ahí, donde aún reza SALÓN PARA BANQUETES,
el óxido y la hierba son los únicos invitados.

Más allá, entre tupidas madreselvas, agoniza
con sus tripas al aire la vieja gasolinera.

Solares, descampados, carteles con un número
de teléfono que la abrasiva fuerza de la vida
dejó fuera de cobertura.

Fueron todo y ya son nada, fueron vida
y ahora son estéril escombrera, yermo
paisaje abandonado. Postales del olvido.

Excluidas de los mapas, aisladas
por el capricho de una mano experta,
abocadas al desalojo y la ruina, estas parcelas
desiertas persisten, reposan sobre la tierra
como tu cabeza sobre mi hombro.

¿Qué milagro aguardan? ¿Qué arruinada
promesa las mantiene aún en venta?

¿Y a qué o a quién esperamos nosotros?
Acaso tú y yo cruzamos la tierra
rumbo a un destino preciso: andenes
de paso, terminales saturadas de ruido
y muchedumbre, abrazos y manteles
—civilización, al fin y al cabo—
satisfechos, excitados porque el trazado,
este orden febril y minucioso de la vida,
sigue contando con nosotros

por ahora.

Gli uccelli

Codici di geometria esistenziale
FRANCO BATTIATO

Si hoy te preguntaran qué fue
de esa ciudad que navegó en tu sueño
y qué quedó de cuanto allí ganaste
o perdiste para siempre,
mencionarás los pájaros,
solo los pájaros.

Ese estruendo celeste te devolvió a la vida
y es, ahora, tu vida.

Los oyes dentro de ti. Te acompañan.

Ávidas siluetas pespuntando el atardecer.
Bengalas que en el cielo nocturno arden
un segundo y desaparecen.
Aves comunes, diminutas, fugaces, imprecisas...,
repartidas en un coro que no es canto
sino estrépito, algarabía y blasfemia,
la alegre herejía de los cielos, más alta
que los salmos aquí abajo, en las cúpulas.

Sí, mencionarás los pájaros.
Solo los pájaros.

Nada más será preciso añadir.

DE LA OBLIGACIÓN DE SER FELIZ

Feliz, lo que se dice feliz...
TONINO GUERRA

Feliz, lo que se dice feliz,
lo estuve siempre mientras tanto,
lo fui nunca todavía, lo seré
mañana sin falta, pero hoy, ahora,
en este instante sagrado
me dejo ser parte de todo, me invito
a llorar y a reír. Canto y escribo
porque respiran mis pulmones
y no importa lo más mínimo
—ni siquiera sé qué significa—
esa palabra, felicidad,
que todo lo empaña.

Porque fui contra el cielo como el arco
de vacío a vacío en la belleza
de la nada a la nada entre la luz.

CÉSAR SIMÓN

Índice